à darling my love et ses yeux de petit Roi - AC.

Anne Crahay a également publié chez le même éditeur :

Dans le bidon de maman (texte de Florian Rudzinski)

De quelle couleur sera le bébé ? (texte d'Adeline Yzac)

info@alice-editions.be
www.alice-editions.be
ISBN 978-2-87426-107-7 — EAN 9782874261077
Dépôt légal : D/2009/7641/12
Imprimé dans l'Union européenne.

Anne Crahay

À qui sont ces culottes ?

Hommage au bon roi Dagobert
et à sa culotte à l'envers

ALICE
JEUNESSE

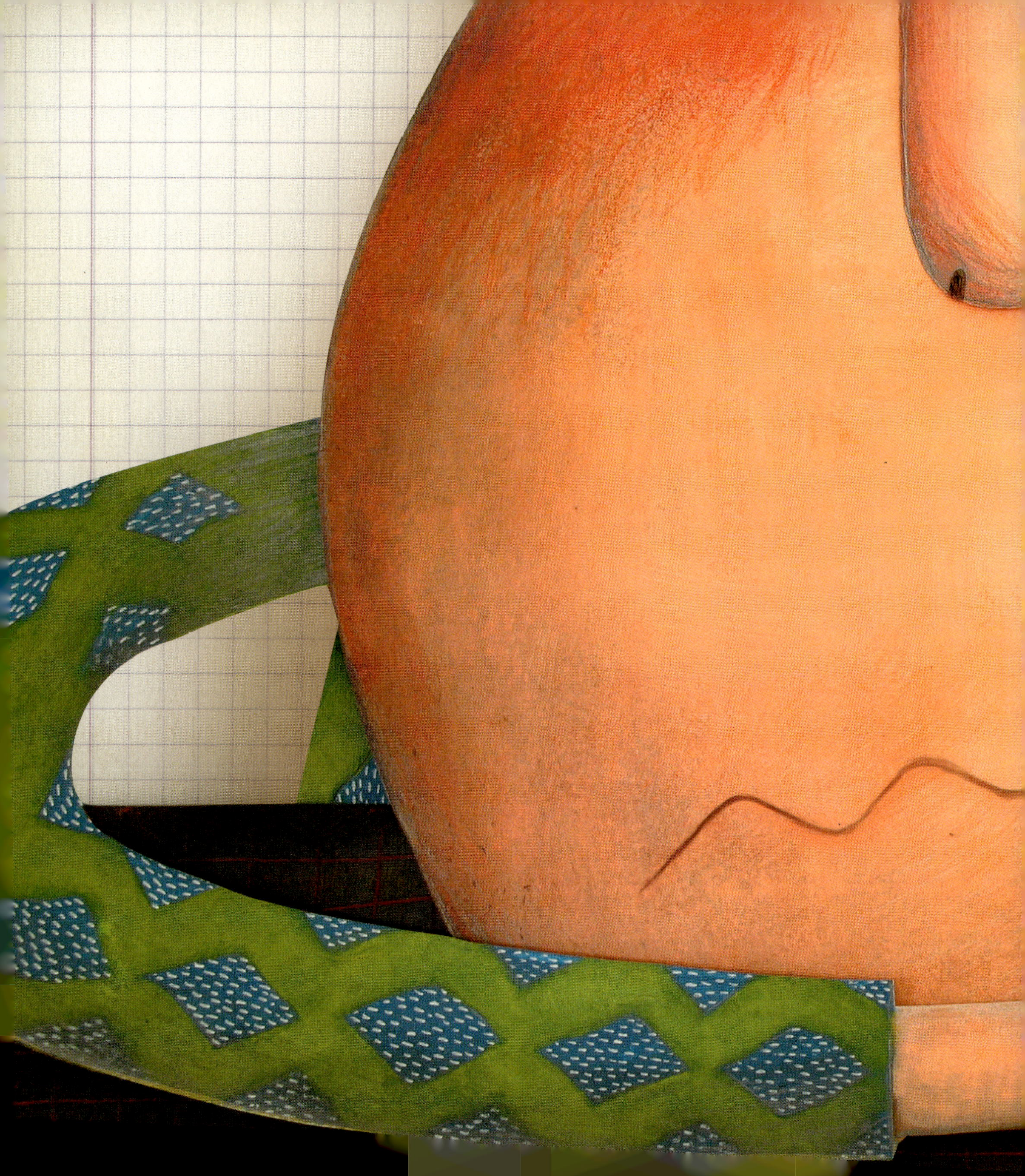

Le bon roi Dagobert
avait l'humeur à l'envers.
De jour comme de nuit,
tout le royaume se moquait de lui.

Il faut ajouter,
foi de saint Éloi,
que jamais on n'avait vu roi
aussi mal culotté !

Héhé!
HouHou
hihi

Le roi glapit : « Il suffit !!!
Compote de crotte,
il me faut une culotte !
Une culotte qui fera
qu'on ne rira plus de moi. »
« Dame Nature, pleine de richesses,
vous donnera peut-être
de quoi couvrir vos fesses »,
lui conseilla le bon saint Éloi.
Le petit roi prit le chemin du bois...

artis

« À qui est cette culotte ? »

« Monseigneur, je vous l'offrirais volontiers,
Mais c'est que, euuuh... c'est un peu trop décolleté
pour votre Majesté.
Votre royal kiki risque de s'envoler ! »
Dagobert, écarlate,
rendit la culotte au mille-pattes.

aïe!
ouille!!

« À qui est cette culotte ? »

Votre popotin ressemblera à une passoire,
vous ne pourrez même plus vous asseoir. »
Dagobert ôta le caleçon et se piqua le bidon.

« Gare à vos fesses, Altesse !
Mes sous-vêtements ne manquent pas de piquant !

« À qui est cette culotte ? »

« Majesté,
avec une queue en tire-bouchon,
vous ressemblez à un bouffon !
Rendez-moi ce caleçon ! »
Dagobert, irrité,
rétorqua que l'opinion d'un cochon,
ne valait pas plus que celle
d'un saucisson !

« À qui est cette culotte ? »

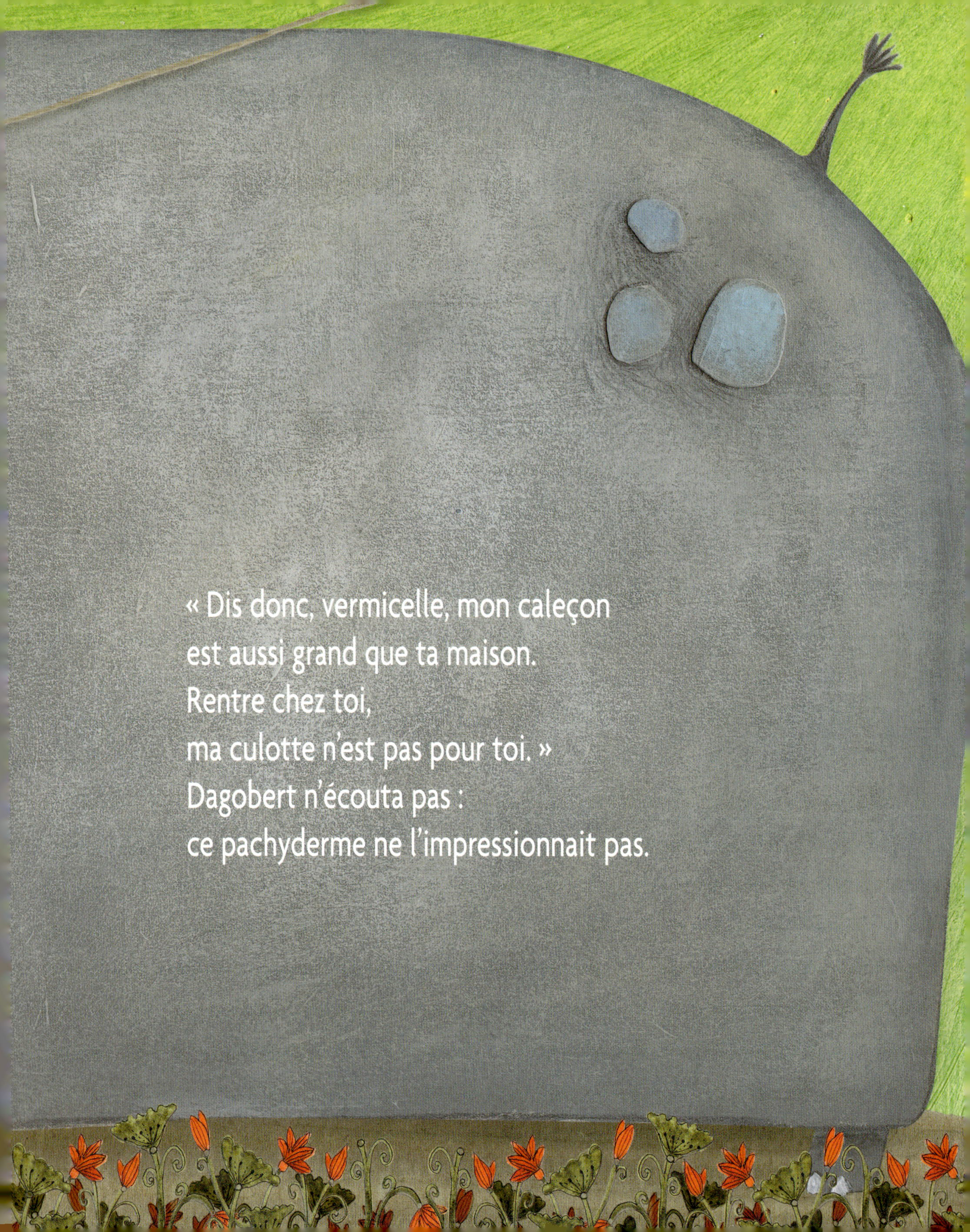

« Dis donc, vermicelle, mon caleçon
est aussi grand que ta maison.
Rentre chez toi,
ma culotte n'est pas pour toi. »
Dagobert n'écouta pas :
ce pachyderme ne l'impressionnait pas.

« À qui est cette culotte ? »

« Majesté Minuscule,
pour enfiler mes dentelles,
il te faudrait une échelle.
Tu dois l'admettre :
tes jambes sont
des corpuscules. »

Dagobert s'enflamma.
Il répondit que ces dessous
ne valaient pas un clou
et que, vraiment,
cet échalas
manquait de goût.

« À qui est cette culotte ? »

« Tu ne manques pas de toupet ! Mon marmouset dormait !
Pose illico mon falzar ou, alors, c'est la bagarre ! »
De ce gêneur Dagobert en avait marre
et n'aurait fait qu'une bouchée, mais il eut peur de le blesser...

« À qui est cette culotte ? »

« Appétisssante Mazessste,
ze vous trouve bien culotté
d'ainsssi dérober le calessson
d'un python !
Pour vous zéchapper,
comptez-vous marcher ou ramper ? »
En véritable chevalier,
Dagobert décida de détaler !

« À qui est
cette culotte ? »

Dagobert aurait bien pris cette peau
pour en faire un sac à main,
mais il avait encore du chemin.

« Vilain petit crapaud,
enlève vite mes sous-vêtements.
Ou je te croque à belles dents ! »

« À qui est
cette culotte ? »

« Un roi tout poilu ?!
Je te trouve aussi farfelu
que dodu. »
Le loup se pourlécha
les babines.
Dagobert frissonna
et se dit en sourdine
que, tout compte fait,
il rentrerait bien au palais.

Mais la nuit tomba
et le petit roi
ne pouvait plus revenir sur ses pas.
Dagobert sentit son cœur
prendre peur.
Le château lui manquait,
ses sujets devaient être inquiets.
Le roi finit par trouver le sommeil
au creux d'un chêne vermeil.

DATES
INDICATIONS ASTRONOMIQUES

S

« À qui est cette culotte ? »

« Saperlotte de saperlotte,
elle est rigolote !
Tout à l'envers !
Ou alors...
Ou alors,
j'ai la tête de travers »,
ironisa la chauve-souris.
« Tu peux bien ricaner à l'envi !
Cette culotte fait mon malheur,
elle attire tous les moqueurs »,
lui répondit Dagobert.

S

« Petit sauvageon,
viens près de moi.
Réfléchissons
la tête en bas.
Dans un monde à l'envers,
on y voit plus clair.
Tu es un bon roi, un turlupin
que tout le monde aime bien.
Que chanteront les enfants,
si tu mets ta culotte par-devant ? »

Le jour se leva.
Dagobert était d'humeur à l'endroit.
L'idée d'affronter saint Éloi le décida.
Après tout, un roi,
c'est fait pour régner, c'est clair !
Culotte à l'envers
ou culotte à l'endroit.